探索发现科普知识
—— 系列丛书 ——

追寻古文明

张　俊◎主编

团结出版社

图书在版编目（CIP）数据

追寻古文明 / 张俊主编 . -- 北京 : 团结出版社 ,2024.3
（探索发现科普知识系列丛书）

ISBN 978-7-5234-0862-9

Ⅰ . ①追… Ⅱ . ①张… Ⅲ . ①文化史－世界－古代－
青少年读物 Ⅳ . ① K12-49

中国国家版本馆 CIP 数据核字 (2024) 第 055112 号

出　　版：团结出版社
　　　　　（北京市东城区东皇城根南街84号　邮编：100006）
电　　话：（010）65228880 65244790
网　　址：http://www.tjpress.com
E-mail：zb65244790@vip.163.com
经　　销：全国新华书店
印　　装：三河市龙大印装有限公司

开　　本：170mm×240mm　16开
印　　张：6
字　　数：70千字
版　　次：2024年3月第1版
印　　次：2024年3月第1次印刷

书　　号：978-7-5234-0862-9
定　　价：215.00元（全12册）

前言
PREFACE

在地球上生命的进化过程中，只有人类把生存过程变成了一种文明。

文明在传承与创新中都带有不同的印迹，就如同一棵树有着自己的年轮一样。生活在今天的人就可以通过那些古老的痕迹去看看自己的祖先是如何生活的。对过去的访问既令人兴奋又让人有些不服气。因为种种迹象表明，那些曾被尘封的过去有着令人费解的神秘，对于已望向宇宙深空几十万光年的我们来说实在是一个不快乐的发现。本想用今日的科技向祖先骄傲地献礼，没想到，伟大的先人早已用他们伟大的创造在那里静待着我们。于是我们由骄傲变得谦卑。

目 录

CONTENTS

part 1 科学奇迹

part 2　绝世建筑

part 3　古城遗址

part 4　文物珍品

part 1

科学奇迹

非 洲

▍按照公历算一年到底有多少天?

以太阳视运动为依据设置的历法,叫"太阳历",简称"阳历"。由于太阳历为现今世界通用的历法,因此又被称为公历。

基于一年有365.24219日,而并非刚刚好的365日,故现行公历每四年有一次闰年,即2月多了第29日。

▶太阳历是依据太阳运动规律设置的历法

▌古埃及象形文字是今天字母文字的基础吗？

公元前3000年左右，古埃及人创造了一种象形文字——圣书字。相比而言，圣书字还不如我国距今约6000年的西安半坡、临潼姜寨、宜昌杨家湾等古文化遗址的陶文字来得成熟。但在约公元前15世纪，腓尼基人借助这种象形文字创造了历史上第一批字母文字，共22个，只有辅音，没有元音字母（元音字母就是起着发声作用的字母），这就是著名的腓尼基字母。腓尼基字母较早传入希腊，演变成希腊字母，希腊字母滋生了拉丁字母和斯拉夫字母，成为欧洲各种字母的共同来源，为欧洲的字母文字奠定了基础。

知识链接

　　象形文字是指纯粹利用图形来做文字使用，而这些文字又与所代表的东西在形状上很相像。一般而言，象形文字是最早产生的文字。我国的甲骨文、石刻文和金文都是象形文字。

▶ 英文字母

十进制计数法与十个手指有关系吗?

　　每两个相邻的计数单位之间的进率都为10，哪一位上满10就进1（如果是个位满10就向十位进1）就叫作"十进制计数法"。

在人类的记数史上，许多民族先后创造了许多记数方法，同时建立了相应的进位制度，如五进制、二十进制、十进制等。根据统计调查，采用十进制的达到了47.5%，是使用最为普遍的一种进位制。

十进制产生的原因与人有十个指头有关。因为当人类尚处于屈指数数的阶段时，人们利用手指的屈或伸，记不大于十的数目是不会有什么困难的，而对于大于十的数目，就感到屈指难数了。于是，"十"就成了记数的一个关键点，它迫使人们去创造一种可以记十以上数的办法。

古埃及人很早就采用了十进制记数法。我国也是较早采用十进制记数的国家。早在三四千年前，我们的祖先已经发明了用在龟甲或兽骨上刻写的数码字，并且采用十进制记数了。

▶ 十进制计数法中每个相邻的计数单位之间的进率都为10

亚 洲

中国最古老的文字是什么?

　　甲骨文是刻在龟甲或兽骨上的文字。甲骨文被视为中国最古老的文字,那甲骨文出现之前,中国没有文字吗?其实从考古材料来看,在甲骨文以前,我国境内已有很多尚未成熟的文字符号出现,但这些文字多是由线条构成,大多数比较简单,只能称之为是中国文字的雏形。

　　而甲骨文与之前的文字符号相比表意更清楚,且有系统性。目前我国出土的带有文字的甲骨总共有十万余片,含有约4500字,其中已经识别的约有1700字。这些甲骨文所记载的内容极为丰富,涉及商代社会生活的诸多方面,不仅包括政治、军事、文化、社会习俗等内容,而且涉及天文、历法、医药等科学技术。甲骨文中形声字约占27%,可见甲骨文已是相当成熟的文字系统。也因此甲骨文被认为是现代汉字的早期形式,是现存中国最古老的一种成熟文字。

▶ 甲骨文是中国最古老的文字

古老的司南是指南针的鼻祖吗？

　　司南是两千多年前战国时期的指南工具，汉代时被称为地盘。现在我们看到的"司南"图其实是根据中国历史博物馆展品"汉代司南模型"绘制的。其底盘是青铜做成的，内圆外方，中心圆面磨得非常光滑，以保证勺体指示方向的准确性。使用时先把底盘放平，再把司南放在地盘中间，用手拨动勺柄，使它转动，等到司南停下来，勺柄所指方向就是南方。这种勺形司南直到8世纪时仍在应用。

　　到了宋代，劳动人民掌握了制造人工磁体的技术，又制造了指南鱼。指南鱼比司南方便多了，只要有一碗水，把指南鱼放在水面上就能辨别方向了。经过长期的改进，人们又把钢针在天然磁体上摩擦，使钢针产生磁性，用这种经过人工传磁的钢针制作的指南器可以说是正式的指南针了。

▶ 司南

火药是炼"仙丹"时被发明的吗?

　　火药是中国古代四大发明之一,是人类文明史上的一项杰出成就。火药发明距今已有一千多年了。火药是由古代炼丹家发明的,从战国至汉初,帝王贵族们沉醉于神仙长生不老的幻想,驱使一些道士炼"仙丹",后来在炼制过程中逐渐发明了火药的配方。

　　炼丹家对于硫黄、砒霜(砷)等具有剧毒的金石药,在使用之前常用烧灼的办法"伏"一下,"伏"是降伏的意思,以使毒性失去或减低,而这种手续称为"伏火"。到唐朝时,炼丹者们已经掌握了一个很重要的经验,就是硫黄、硝石、木炭三种物质可以构成一种极易燃烧的药,这种药被称为"着火的药",即火药。

▶绚烂的烟花是对火药的创新应用

▶ 经蔡伦改进之后的纸张是现代纸张的始源

蔡伦真的是纸的发明者吗？

造纸术是中国四大发明之一，是人类文明史上的一项杰出的发明创造。根据考古出土的文献可以知道，纸发明于西汉时期。早期的纸都是以木麻为原料制成的，又由于制作技术比较原始，纸张质地都比较粗糙。

东汉元兴元年（公元105年）蔡伦改进了造纸术。他用树皮、麻头及破布、渔网等做原料，经过锉、捣、抄、烘等工艺制造的纸，是现代纸的始源。这种纸，原料容易找到，又很便宜，质量也提高了，逐渐普遍使用。为纪念蔡伦的功绩，后人把这种纸叫作"蔡侯纸"。

活字印刷术是如何使用的？

印刷术发明之前，文化的传播主要靠手抄的书籍。手抄费时、费事，又容易抄错、抄漏。先秦时候我国就有了印章，受到印章和石刻的启发，隋朝时我国劳动人民发明了雕版印刷术。但是雕版印刷比较麻烦，费时，且版片不好存放，如果出现错别字就需要整版重新雕刻。宋朝时，毕昇针对雕版的缺点改进了印刷术，创造了活字印刷。

毕昇用胶泥制字，一个字为一个印，用火烧硬，使之成为陶质。排版时先预备一块铁板，根据印刷内容将字印摆满铁板，放上印刷用的松香等物质，就可以印刷了。活字印刷术相对雕版印刷效率高，且字印可重复使用，排版就变得省时省力。

活字印刷术的发明是印刷史上一次伟大的技术革命，为知识的广泛传播、交流创造了条件。

▶ 活体字

"瓷器"为何会成为中国的象征？

中国是瓷器的故乡，瓷器是中国劳动人民的一个重要创造。作为古代中国的特产奢侈品之一，瓷器通过各种贸易渠道传到各个国家，精美的古代瓷器作为具有收藏价值的艺术品被大量收藏家所收藏。这些精美的瓷器也被外国人视为中国的象征，因此在英文中"瓷器（china）"与"中国（China）"为同一个词。现在很多欧美国家的人在结婚时，特别喜欢送高级瓷器茶具作为贺礼。

▶精美瓷器

中国的"瓷都"在哪里？

中国瓷器的发展至宋代时，名瓷名窑已遍及大半个中国，是瓷业最为繁荣的时期。在瓷器制作中，最为著名的就是有"中国瓷都"之称的景德镇。景德镇制瓷历史悠久，瓷器产品质地精良，享有"瓷器代表"的青花瓷以景德镇出产的最为著名。

青花瓷釉质透明如水，胎体质薄轻巧，洁白的瓷体上敷以蓝色纹饰，素雅清新，充满生机。青花瓷一出现便风靡一时。在明清两代，青花瓷成为中国瓷器生产的主流，备受人们喜爱，成为帝王嫔妃、达官贵人的必备之物。就连欧洲人也常以珍藏青花瓷来炫耀自己的富有。

中国为何又被称为"丝国"？

丝绸就是以蚕丝织造的纺织品。丝绸轻薄、贴身、柔软、滑爽，且色彩绚丽，富有光泽，穿着舒适。中国是首先发明并大规模生产、使用丝绸的国家。到了汉代，中国的丝绸制品不断大规模地运往国外，成为世界闻名的产品。唐朝时期，中国的丝绸制造业达到高峰，织法与纹饰都比以前更加丰富。明朝的丝织品继承了唐朝以来品种繁多、华丽富贵的传统，其精美绝伦的品质对世界各国产生了巨大的吸引力。罗马诗人维吉尔曾称赞中国丝绸："比鲜花还美丽，比蛛丝还纤细。"

中国丝绸逐渐成为古代国际贸易中行销最远、规模最大、价格最高、获利最丰的商品。丝绸从中国

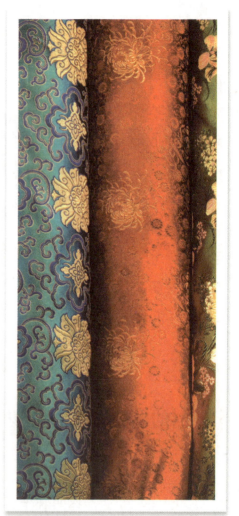

▶ 丝绸之路

传入西方国家，欧洲人便把这条路称为"丝绸之路"，而中国也被称为"丝国"。除了丝绸，中国的瓷器、漆器等，都是西方国家钟爱的具有东方韵味的工艺品。

"茶马古道"是怎样的一条道路？

中国是茶的故乡，自古以来我国各族人民就有饮茶的习惯，并由此创造了灿烂的中华茶文化。在我国众多的民族中，藏族人非常嗜爱茶。茶对藏族人来说就如阳光、空气一样，是生活中片刻不可缺少的东西。古时候，在内地，民间役使和军队征战都需要大量的骡马，但供不应求；藏区不产茶，而藏区和川、滇边地则产良马。于是，具有互补性的茶和马的交易即"茶马互市"便应运而生。这样，藏区和川、滇边地出产的骡马、毛皮、药材等和川、滇及内地出产的茶叶、布匹、盐和日用器皿等，在横断山区的高山深谷间南来北往，流动不息，并随着社会经济的发展而日趋繁荣，形成一条延续千年的"茶马古道"。

▶ 茶马古道路标

通过茶马古道，茶叶从一个商人转到另一个商人手中，中国人、印度人、波斯人等将这些茶叶一站转一站，送到世界的另一边。

千百年来，茶马古道作为不同民族和不同大陆的纽带，对文明传播做出了巨大贡献，被学术界称为"世界上地势最高的文明传播古道之一"，是与古代中国对外交流的海上之道、西域之道、南方丝绸之路、唐蕃"麝香-丝绸之路"相并列的第五条国际通道。

地动仪测定地震的原理是什么？

中国东汉时期，地震比较频繁，天文学家、数学家张衡经过多年研究，在公元132年发明了候风地动仪，这是世界上第一架地动仪。

地动仪用青铜制造，形状有点儿像一个酒坛，四围刻铸着八条龙，龙头向八个方向伸着，每条龙的嘴里含了一颗小铜球。龙头下面，蹲了一个铜制的蛤蟆，对准龙嘴张着嘴。哪个方向发生了地震，朝着那个方向的龙嘴就会自动张开来，把铜球吐出。铜球掉在蛤蟆的嘴里，发出响亮的声音，就可告诉人们哪个方向发生了地震。

经过现代科学家的实验分析，地动仪是利用柱摆稳度小的特性来测定地震源方向的。一个方向若发生地震，由于地震的波动效应，地动仪稍有倾斜，铜球就会掉落出来。

▶ 模仿张衡发明的地动仪制作的户外雕塑

欧 洲

杠杆原理与浮力定律的发现者是谁?

阿基米德,是古希腊伟大的哲学家、数学家、物理学家,他发现了杠杆原理和浮力定律。他从小就善于思考,喜欢辩论。早年游历过古埃及,曾在亚历山大城学习。他在亚历山大城学习和生活了很多年,曾跟很多学者密切交往。他兼收并蓄了东方和古希腊的优秀文化遗产,在其后的科学生涯中做出了重大的贡献。

公元前212年,古罗马军队入侵叙拉古,阿基米德被罗马士兵杀死,终年75岁。死后他被葬在西西里岛,墓碑上刻着一个圆柱内切球的图形,以纪念他在几何学上的卓越贡献。

▶阿基米德是浮力定律的发现者,现在浮力定律已经被人们广泛应用

▶牛顿是几何学的爱好者，他曾学习过《几何原本》

现代数学的基础是什么？

《几何原本》共13卷，里面欧几里得系统地总结了几何知识，建立了一套从公理、定义出发，论证命题得到定理的几何学论证方法，形成了一个严密的逻辑体系——几何学。《几何原本》既是数学巨著，又是哲学巨著，并且第一次完成了人类对空间的认识。

两千多年来，《几何原本》一直是学习数学几何部分的主要教材。哥白尼、伽利略、笛卡尔、牛顿等许多伟大的学者都曾学习过《几何原本》，并从中吸取了丰富的营养，从而做出了许多伟大的成就。直到现在它也是培养、提高青少年逻辑思维能力的好教材。

《几何原本》是至今流传最广、影响最大的世界数学名著之一，它对数学及其他科学乃至人类的思想所产生的巨大推动作用是其他著作无法取代的。

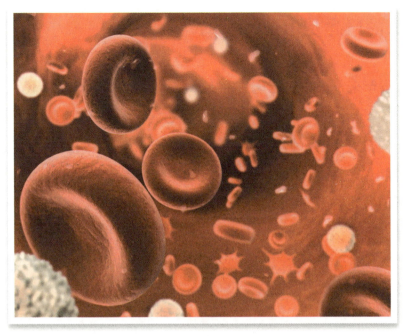

▶体液理论让人们开始以理性的态度对待生命

体液理论对后世医学有什么影响?

体液理论是希波克拉底提出的。希波克拉底是古希腊著名医生，欧洲医学奠基人。他从临床实践出发，创立了体液理论。他认为，人身上有四种体液，即血液、黏液、黄胆汁、黑胆汁，共同维系着人的生命。四种体液相互调和，在平衡的状态下，人就健康；如果平衡被破坏，人就会生病。这个理论的最大贡献是使医学摆脱了巫术的支配，以理性的态度对待生命，采取科学的方法治病。体液理论被称为日后西方医学的理论基础。

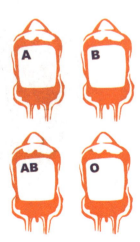

地球的概念是由谁提出的？

几千年来，人类对自己生存的大地一直抱有极大的兴趣。古代中国曾有"天圆地方"说；古代埃及人认为天像一块穹隆形的天花板，地像一个方盒；古希腊人最初将它想象成一个扁平的圆盘；等等。公元前6世纪，古希腊数学家毕达哥拉斯第一次提出地球这一概念。毕达哥拉斯和他的弟子们首先提出了大地是球形的设想。他们主张用数学来解释宇宙，认为在所有立体图形中，球形是最美好的。宇宙的外形应该是球形的，宇宙中包括地球在内的所有天体都应该是球形的。

▶地球是球形的在今天已经成为人们的共识

知识链接

天圆地方

古人把天地未分、混沌初起之状称为太极，太极生两仪，就划出了阴阳，分出了天地。古人把由众多星体组成的茫茫宇宙称为"天"，把立足其间赖以生存的田土称为"地"，由于日月等天体都是在周而复始地运动，就像一个闭合的圆周无始无终，而大地却静悄悄地在那里，就像一个方形的物体静止稳定，于是"天圆地方"的概念由此而生。

伽利略是如何发明温度计的？

伽利略作为一个百科全书式的人物，对医学有着浓厚的兴趣。他在学习医学的过程中，认识到人生病与体温变化有很大关系，也就是说，通过了解人的体温有助于确定其身体状态。由于当时医学还不发达，医生只能用手触摸病人，凭感觉来推测人体的大致温度。伽利略想：能不能发明一种可以精确地测出病人体温的仪器呢？

▶ 伽利略

一个小孩儿的玩具给了他启发。这个玩具据说是古希腊人发明的，其结构是：在U形的玻璃管里装一半水，将弯管的一端用铅球密封，另一端用玻璃球密封，使管中的空气跑不出来。玩的时候，在铅球下加热，U形管中的水就会向回退缩；移开铅球下的火源，铅球冷却，水就会升到原来的位置。

伽利略由此产生了一个想法：为什么不能根据热胀冷缩的现象来制作温度计呢？于是，伽利略便对热胀冷缩现象进行进一步的研究，并在此基础上设计了许多方案。1593年，伽利略发明了第一支空气温度计。之后，他对空气温度计进行了改造，发明了世界上第一支体温计。

part 2

绝世建筑

非 洲

金字塔千年不倒的秘密是什么？

古老的金字塔与茫茫大漠融为一体。最大的胡夫金字塔历经了4000多年的风雨仍能屹立不倒，这是为什么呢？

首先，金字塔塔身的石块之间，没有任何水泥之类的黏着物，而是一块石头叠在另一块石头的上面。每块石头都磨得很平，虽已历时数千年，人们仍很难用一把锋利的刀刃插入石块之间的缝隙。这样雨水等就不会浸入石块中，石头就不会被腐蚀。

其次，应用了52°的稳定角。金字塔面与面之间的角度是51°50′9″，这与有"自然塌落现象的极限角和稳定角"之称的52°角相差无几，这说明金字塔是按照这种"极限角和稳定角"来建造的。

▶埃及金字塔因修建的科学性能屹立千年不倒

第三，金字塔的锥形结构将风的破坏力化解到最低程度。考古学家在实地考察中发现一个有趣的现象：风沙多是刮于金字塔的底部，然后沿着斜面绕向另一个角，在后来的风力推送下，呈螺旋形绕着逐渐尖削的塔身旋转，被塔身引导向上，最终从塔尖散失在空中。因此，风沙的破坏力对金字塔起不了太大的作用。

金字塔不仅是古埃及的象征，也是古埃及文明的体现。

▶狮身人面像与金字塔一样闻名世界

知识链接

狮身人面像

与金字塔同样闻名世界的是屹立在胡夫金字塔东侧的狮身人面像。据说，狮身人面像是根据古代神话中的斯芬克司来雕刻的。此雕像高20米，长57米，脸长5米，头戴"奈姆斯"皇冠，额上刻着"库伯拉"（即眼镜蛇）圣蛇浮雕，下颌有帝王的标志——下垂的长须。

其实，狮身人面像并不是只有埃及开罗才有，只是在开罗的这一座最大，而且是最古老的。不过，各处雕刻的大小狮身人面（或牛头、羊头等）像，都是蹲着的。

爱资哈尔清真寺因何命名？

爱资哈尔清真寺位于埃及开罗的老城区，是法蒂玛王朝大将玖海尔建于公元972年，取名"爱资哈尔"是为了纪念穆罕默德的女儿法蒂玛·扎海拉。

爱资哈尔清真寺是开罗第一座清真寺，也是世界上最古老的伊斯兰大学之一。寺内地面和柱子均系大理石砌成，礼拜殿内可容纳万余人，西北门内两侧有三个宣礼塔。

清真寺建成初期只是宗教活动的场所，公元975年开始讲经授课，主要科目为伊斯兰法律、神学、阿拉伯语。古时候，宣礼员站在塔顶上领着教徒做礼拜，而教长站的壁龛体现了古老的伊斯兰建筑艺术和特征。

▶ 清真寺

亚 洲

"天下第一关"是怎样一座城关?

山海关又称"榆关",位于秦皇岛市东北15千米处,汇聚了中国古长城之精华,在1990年以前被认为是明长城东端起点,因此有"天下第一关"之称。

山海关以威武雄壮的"天下第一关"箭楼为主体,辅以靖边楼、临闾楼、牧营楼、威远堂、瓮城、东罗城、长城博物馆等长城建筑。山海关城池周长约4千米,是一座小城,整个城池与长城相连,以城为关。城高14米,厚7米。全城有四座主要城门,并有多种古代的防御建筑,是一座防御体系比较完整的城关。

▶ 山海关长城是万里长城的重要组成部分,是举世闻名的长城入海处

京杭大运河到底有多长？

　　京杭大运河是世界上里程最长、最古老的运河，与长城并称为中国古代的两项伟大工程。大运河南起余杭（今杭州），北到涿郡（今北京），途经今浙江、江苏、山东、河北四省及天津、北京两市，贯通海河、黄河、淮河、长江、钱塘江五大水系，全长约1794千米。

　　在过去不同历史阶段中，京杭大运河对中国政治、经济、文化的发展起了巨大的作用。以历史上的"南粮北运"、"盐运"通道，到现在的"北煤南运"干线以及防洪灌溉干流，这条古老的运河一直在发挥着巨大的作用。2002年起京杭大运河又肩负中国南水北调工程的重任，成为南水北调三线工程之一。

▶ 京杭大运河现今仍在发挥着作用

"万里长城" 真有万里长吗?

春秋战国时期，各诸侯国为了防御别国入侵修筑烽火台，并用城墙连接起来，形成了最早的长城。以后历代君王几乎都加固增修长城，长城作为一项防御军事工程越来越长。因它长达几万里，故又被称作"万里长城"。由于年代久远，早期各个朝代的长城大多数都残缺不全，保存得比较完整的是明代修建的长城，所以人们一般谈的长城指的是明长城，所称长城的长度，也就是明长城的长度。明长城西起嘉峪关，东至鸭绿江畔，根据近年重新测绘，明长城总长度为8851.8千米。

▶ 雄伟的长城

赵州桥千年坚如磐石的秘密？

赵州桥是一座空腹式的圆弧形石拱桥，是世界上现存最早、保存最好的巨型石拱桥。

赵州桥在河北省省会石家庄东南约40千米赵县城南，建于隋开皇、大业年间，由匠师李春创建。

赵州桥在建造中有独特的创新之处，这些创新才成就了千年不倒的赵州桥。

1.弧形拱

全桥只有一个大拱，净跨径达37.2米，如果把桥拱修成半圆形，那桥洞就要高18.6米。这样车马行人过桥，就好比越过一座小山，非常费劲。而弧形拱既降低了桥的高度，又减少了修桥的石料与人工，还使桥体非常美观。大拱之上又加设了4个小拱，这样节省材料，同时减轻了桥本身的重量，在河水涨水时还能增加河水的泄流量。

2.洞砌并列式

在各道桥洞的石块之间加了铁钉，使各桥洞连成了整体。并列式修造的桥洞即使坏了一个，也不会牵动全局，修补起来容易，而且在修桥时也不影响桥上交通。

▶ 赵州桥

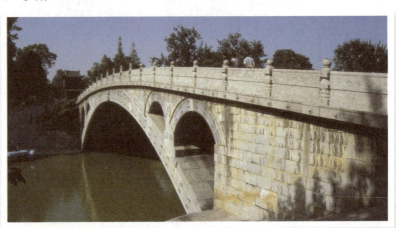

▶悬空寺

悬空寺真的是悬在空中吗?

悬空寺,又名玄空寺,位于山西浑源县。悬空寺距今已有1500多年的历史,北魏王朝将道家的道坛从平城——今大同南移到此,古代工匠根据道家"不闻鸡鸣犬吠之声"的要求建造了悬空寺。

悬空寺位于深山峡谷的一个小盆地内,全身悬挂于石崖中间,距地面高约30米。全寺为木质框架式结构,其建造依据力学原理,半插横梁为基,碗口粗的木柱插于岩石之中,全寺庙的重量就由横插岩石中的木棍支撑。

悬空寺充分利用峭壁的自然状态布置和建造寺庙各部分建筑,将一般寺庙平面建筑的布局、形制等建造在立体的空间中,设计非常精巧。悬空寺内现存的各种铜铸、铁铸、泥塑、石刻造像,风格各异,具有较高的艺术价值。

英国的一位建筑学家曾说:"中国的悬空寺把力学、美学和宗教融为一体,做到尽善尽美,这样奇特的艺术,在世界上是罕见的。"

"中国园林之母"是哪座园林?

拙政园是中国四大名园之一，坐落于中国著名的历史文化名城江苏省苏州市，是苏州四大古名园之一，也是苏州园林中最大、最著名的一座。

拙政园建于明代正德年间（1506—1521年），是中国四大名园之一，占地4万平方米。

拙政园分为东园、西园、中园三部分，其中中园是全园的精华所在。

园林以山、水为主，池中堆山，环池布置台堂、榭、亭、轩，山与山之间遍布花草树木，且树木环亭、馆，建筑与树木相映成趣，到处一片生机。自然典雅的园林之风、精巧的结构，形成了拙政园的独特风格，因此，拙政园被誉为"中国园林之母"。

▶ 拙政园美景

"婆罗浮屠"的意思是什么？

婆罗浮屠位于印度尼西亚爪哇岛中部马吉冷婆罗浮屠村。"婆罗浮屠"意思是"千佛坛"，约于公元800年建成，为大乘佛教遗址。

婆罗浮屠构图精美，气势磅礴。它呈金字塔形，可抬级而上。坛共有9层，在外形上如阶梯状的锥体。上面3层为圆形，下面6层似方形。说婆罗浮屠奇异，首先，它是巨大的佛陀神殿，却没有膜拜或祭祀的地方。其次，婆罗浮屠的整体造型神似现在的火箭飞船，流线型的造型符合空气动力学，内部中空，神明端坐其中。

对于1000多年前出现如此具有高科技含量的建筑，人们很是费解。没有任何证据表明在现今的人类文明之前还存在另一种高度发达的文明，但这些建筑却又成了另一种文明的见证。人类对自身的起源还不够了解，对多年前的文明也存在很多未知之处，希望在人类的继续探索中能解开这个谜题。

▶ 婆罗浮屠中的佛像

欧 洲

比萨斜塔为什么会倾斜？

比萨斜塔是意大利比萨城大教堂的独立式钟楼，屹立于意大利托斯卡纳省比萨城北面的奇迹广场上。

比萨斜塔于1174年开始修建，当时设计为垂直建造，但是在工程开始后不久（1178），建筑就出现了倾斜，后曾间断了两次，历经约200年才于1350年完工。完工后的比萨斜塔仍继续倾斜，目前比萨斜塔倾斜约10%，即5.5°，偏离地基外沿2.3米，顶层突出约5米。

比萨斜塔之所以会倾斜，是由于它地基下面土层的特殊性造成的。比萨斜塔下有好几层不同质地的土层，各种软质粉土的沉淀物和非常软的黏土相间，而在深约一米的地方则是地下水层。这个结论是在对地基土层成分进行观测后得出的。最新的挖掘表明，钟楼建造在了古代的海岸边缘，因此土质在建造时便已经沙化和下沉。

▶ 明显倾斜的比萨斜塔

巴黎圣母院有怎样的开创性？

一提到巴黎圣母院人们就会想到法国作家维克多·雨果的名著《巴黎圣母院》，但巴黎圣母院能闻名于世，除了这部著作的声名远播，还因为其建筑的独特之处。

巴黎圣母院是一座典型的"哥特式"教堂，是欧洲建筑史上一个划时代的标志。在它之前，教堂建筑大多数笨重粗俗，沉重的拱顶、粗矮的柱子、厚实的墙壁、阴暗的空间，使人感到压抑。巴黎圣母院冲破了旧的束缚，创造一种全新的轻巧的骨架拱券，这种结构使拱顶变轻了，空间升高了，光线充足了。复杂和精细的哥特式拱门外观和华丽的内饰使室内明亮且通风顺畅。

哥特式教堂的造型既空灵轻巧，又符合变化与统一、比例与尺度、节奏与韵律等建筑美法则，具有很强的美感。这种独特的建筑风格很快在欧洲传播开来，巴黎圣母院也因其在建筑中的开创性而闻名世界。

▶ 巴黎圣母院

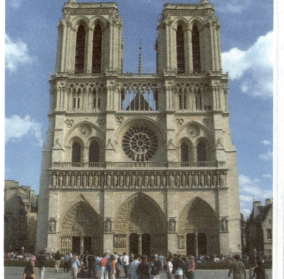
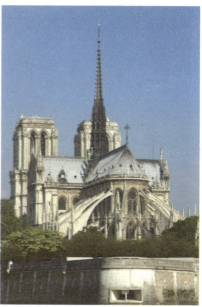

罗浮宫为何被称为"万宝之宫"？

　　罗浮宫是法国最大的王宫建筑之一，始建于1204年，历经800多年扩建、重修达到今天的规模。罗浮宫是法国历史上最悠久的王宫，居住过50位法国国王和王后，现已开辟为博物馆对外开放。

　　罗浮宫之所以被称为"万宝之宫"，是因为其收藏的珍品十分丰富，且门类繁多，来自世界各地。目前博物馆收藏目录上记载的艺术品数量已达40万件。这些珍品从古代埃及、希腊、埃特鲁里亚、罗马的艺术品，到东方各国的艺术品，有从中世纪到现代的雕塑作品，还有数量惊人的王室珍玩及绘画精品等。罗浮宫是世界著名的艺术殿堂。

▶ 罗浮宫

▶ 圆明园也曾是珍宝汇集的地方

枫丹白露宫里的中国文物来自哪里?

　　在西方博物馆中，收藏和展览圆明园珍宝最多最好的要数枫丹白露宫，宫中的中国馆是由法国皇帝拿破仑三世的欧仁妮王后主持建造的。修建中国馆，就是为了存放从中国圆明园抢来的文物。

　　1860年英法联军劫毁圆明园后，侵华法军司令孟托邦把从圆明园抢劫来的所谓战利品敬献给拿破仑三世和欧仁妮王后。中国馆内陈列的中国明清时期的古画、金玉首饰、牙雕、玉雕、景泰蓝佛塔等上千件艺术珍品，这些藏品大多来自圆明园。至21世纪初，馆内收藏的中国珍品已达到3万多件。

圣彼得大教堂

圣彼得大教堂是由哪位帝王修建的？

闻名世界的圣彼得大教堂是罗马天主教的中心教堂，是欧洲天主教徒的朝圣地，是世界五大教堂之首，是全世界第一大圆顶教堂。圣彼得大教堂最初是由君士坦丁大帝于公元4世纪20年代在圣彼得墓地上修建的，称老圣彼得大教堂。之所以在圣彼得墓地上修建此教堂，是因为圣彼得是耶稣最亲密和最忠诚的门徒，他在耶稣的信徒中占据领导地位，对基督教的成立影响重大。据说他死后被埋在此地，之后为了纪念他，人们在此地建立了一个神社，300年后君士坦丁大帝下令在其墓地处建立了圣彼得教堂。16世纪，教堂重建，120年后正式宣告落成，这就是现在的圣彼得大教堂。

伦敦塔在英国历史上有什么重要意义？

伦敦塔是由威廉一世为镇压当地人和保卫伦敦城，于1087年开始动工兴建的，堪称英国中世纪的经典城堡。后来，历代王朝又修建了一些建筑物，使伦敦塔既有坚固的兵营要塞，又有富丽堂皇的宫殿，还有天文台、教堂、监狱等建筑。整个建筑群反映了英国不同朝代的建筑风格。

作为防卫森严的堡垒和宫殿，英国数代国王都在此居住，国王加冕前往伦敦塔便成了一种惯例。现在伦敦塔内的珍宝馆还对外展出一些珍贵的御用珍品。

伦敦塔以其独特的建筑和承载的历史，成为英国的象征。

▶ 伦敦塔是英国著名的古老建筑

科隆大教堂为何被视为最完美的哥特式建筑？

科隆大教堂是位于德国科隆的一座天主教主教座堂，是科隆市的标志性建筑物。科隆大教堂属于哥特式建筑，其结构为罕见的五进建筑，内部空间加宽，高塔直向苍穹，象征人与上帝沟通的渴望。除两座高塔外，教堂外部还有多座小尖塔烘托。教堂四壁装有描绘《圣经》人物的彩色玻璃；钟楼上装有5座钟，最重的达24吨。

无论是建筑规模还是装饰艺术，科隆大教堂均胜过它之前所有的哥特式建筑，因而它被看作最完美的哥特式建筑。

▶ 科隆大教堂是德国科隆市的标志建筑

古罗马人的加尔桥有什么作用？

加尔桥位于法国南部加尔省，是一座三层的石头拱形桥。它是古罗马帝国时期修建的高空引水渡槽。

2000多年前的古罗马人每建造一座新城市，都会建造水渠，引水供应城市。当时加尔省尼姆（加尔省省会城市）陈旧的供水系统已经不能满足古罗马人新建城市的需要。于是主管古罗马供水工程的马库斯·阿格里帕修建了一条水渠，把50千米外的泉水引到城里。

古罗马人按惯例将这条引水渠道埋入地下，可是在某个地方该水渠必须越过加尔河峡谷。因此，古罗马人在这里建造了宏伟的加尔桥。

加尔桥高49米，长269米，渠桥作为水渠的使用时间可能长达4个世纪。

已经历经2000多年的加尔桥历经了洪水、战乱和社会变迁，但桥梁依然保存完好，不能不令人惊叹古罗马建筑师们的鬼斧神工。

▶ 加尔桥是 2000 多年前的古罗马人建造的

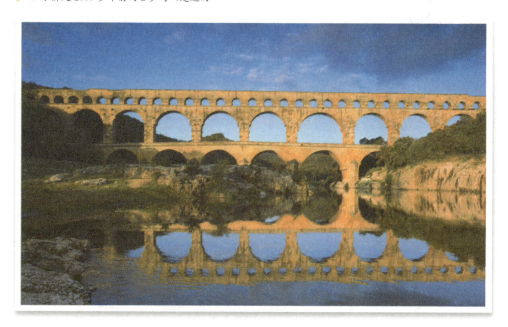

贝伦塔为何被视为葡萄牙的象征？

贝伦塔位于葡萄牙首都里斯本，耸立在特茹河畔，建于1514年，至今已有500多年的历史。

贝伦塔是一座五层防御工事，是葡萄牙国王若昂二世拟订修建的防御计划的一部分，其主要作用是保卫里斯本和它的港口。虽名为塔，但是它更像一座小型的碉堡，镇守在河岸边。整个塔身全部用大理石打造，底部原为储藏室，后用来关押囚犯。为了显示出国王的声威，塔上装饰了许多曼努埃尔式的象征物，比如说厚的石绳环绕塔身，点缀石结、浑天仪或是耶稣十字和一些其他的动植物元素。其中一座石雕犀牛十分引人注目，它在岗亭的底座上，显示了葡萄牙航海家探索海外的功绩。每当涨潮时，塔底被淹没，顶部的塔楼如浮在河面上，漂浮不定，美若仙境。

贝伦塔是葡萄牙地理大发现的起点，是葡萄牙航海家冒险航海的见证，也是葡萄牙昔日辉煌的证明。如今它已被开辟为博物馆，首层陈设有当年的大炮和炮台。贝伦塔就像耸立在美国纽约入港处的自由女神像一样，耸立在里斯本港口，成为葡萄牙的象征。

▶ 矗立在里斯本港口的贝伦塔

part 3

古城遗址

非 洲

▍帝王谷是一片怎样的墓区？

在埃及，除了蜚声世界的金字塔外，还有一处令无数旅游者向往的地方，这就是帝王谷。

帝王谷位于埃及南部卢克索，是古埃及新王朝时期十八到二十王朝时期的法老和贵族主要陵墓区。帝王谷处在一片荒无人烟的石灰岩峡谷中，在那里的断崖下面就是古代埃及新王朝时期法老们的安葬地。法老们为什么选择将自己的遗体安葬于隐秘的断崖之下呢？

▶ 帝王谷

　　根据目前比较权威的说法，帝王谷始于法老图特摩斯一世。图特摩斯鉴于先人的陵寝遭受盗墓人的侵害，就决定把自己的陵墓同殡葬礼堂分开。他的墓地距礼堂近1.6千米。他命人在卢克索尼罗河西岸山谷的断崖处开凿了一条坡度很陡峭的隧道作为墓穴，并将遗体（木乃伊）安放在那里。此后的500年间，法老们就不断地在这个山谷里沿用这种方式构筑自己的岩穴陵墓。

提帕萨古城是哪个古老帝国的建筑遗址？

提帕萨是北非保存最好的罗马帝国时期的城市遗址。提帕萨古城始建于公元前1世纪，是当时北非的一大港口，为古迦太基的贸易驿站。随着罗马人于公元前146年攻占迦太基，提帕萨最终也被罗马帝国吞并。之后在罗马帝国统治下的500年内，提帕萨逐渐成为罗马帝国的一流城市。因此，古城的建筑极具罗马风格，断壁残垣中蕴含了极其丰富的人文特色，同时也反映了古罗马人的生活状况。

由于公元430年汪达尔人的侵入，提帕萨衰落，逐渐被遗忘，最终被黄沙掩埋。由于沙漠的掩埋使这座古城被保存下来，提帕萨是地中海沿岸保存最完好的古罗马遗址之一。置身于发掘后的考古区，仍然能够强烈地感受到当年罗马帝国那气势非凡的宏大与壮观。

▶ 提帕萨古城遗址

卢克索为何被誉为"宫殿之城"?

卢克索是因埃及古都底比斯遗址在此而著称的，是古底比斯文物集中地。底比斯兴建于中王国第十一王朝时期，至今已有4000多年的历史。据说当时的底比斯人烟稠密、广

▶ 卢克索神庙遗址

厦万千，城门就有一百座，荷马史诗中把这里称为"百门之都"，是世界上最大的城市。

在近700年的时间里，法老们就从这颗"古埃及的珍珠"发号施令，使古埃及的政治和经济达到了辉煌的巅峰。古埃及帝国维持了1500多年，历代法老在底比斯兴建了无数的神庙、宫殿和陵墓。经过几千年的岁月，昔日宏伟的殿堂庙宇都变成了残缺不全的废墟，但人们依然能够从中想见它们当年的雄姿，它们是古埃及文明高度发展的见证。

据考古学家估计，约有500座古墓散布在卢克索地区，陵墓的形制基本相同，坡度很陡的阶梯通道直通陵墓走廊，走廊通墓前室，室内有数间墓穴，放木乃伊的花岗岩石棺停放在最后一间墓穴。因此，卢克索成了古埃及遗迹的宝库，是探访古埃及文明不可不到的地方。卢克索是世界上最大的露天博物馆，有着"宫殿之城"的美誉。

亚 洲

三星堆青铜面具"凸目"是怎么回事?

　　三星堆遗址出土的珍品中最让人感到惊奇、让人感到不可思议的是那三尊眼睛异常突出的青铜人面像,其中一尊超大的青铜人面具,他那双粗大的柱状眼球突出眼眶达十几厘米,

　　在三星堆出土的青铜人像都颧骨凸出,阔嘴大耳,眼睛凸出,在这里出土的青铜像面具更是有一对特别明显的"凸目",为什么青铜像面具要设计成凸目呢?

　　对此,很多研究者认为这个青铜像面具是依照古蜀人第一位伟大的祖

▶ 三星堆出土的青铜面具

先——蚕丛氏设计的。根据传说和《华阳国志·蜀说》记载,最早的蜀王蚕丛"其目纵,始称王"。据说蚕丛是古蜀国一位伟大的妇女,她发明养蚕、缫丝后就被族人尊为神,并进而奉为本族的首领。但这位妇女可能是一个甲状腺功能亢进患者,甲状腺功能亢进是一种至今病因及发病机制未明的疾病,这种病的特点之一就是眼睛呈恐怖状突出。由于这样的病症出现在神一样的人物身上,在常人看来是非常神奇的,人们就将她眼睛突出的特点一代一代地夸大,直到1000多年以后她的眼睛被人们夸大成三星堆遗址里青铜像的样子。

莫高窟壁画千年不褪色的秘密是什么？

　　敦煌莫高窟坐落在河西走廊西端的敦煌，以精美的壁画和塑像闻名于世。莫高窟的壁画总面积达4.5万平方米，壁画内容丰富，形象逼真。莫高窟壁画更让人感到神奇的是其历经千年却不褪色，这是为什么呢？

　　根据研究，敦煌壁画使用的都是天然矿物质原料，颜色纯正、色质稳定。另外，敦煌莫高窟位于东南鸣沙山的断崖上，那里气候干旱少雨，风沙大，多数洞窟一直被沙漠掩埋着，风沙的掩埋有利于文物的保存且避免了光线引起的颜料褪色等。这些因素结合在一起，才使得现在的我们仍能看到1000多年前壁画的精美。

▶ 敦煌莫高窟与窟内壁画

▶ 佩特拉古城

佩特拉城为何早早就被遗弃了?

佩特拉是约旦南部的一座历史遗址,它是约旦最负盛名的古迹区之一。它建在一条狭长的峡谷中,由阿拉伯游牧民族纳巴泰人在岩石上敲凿建成。该城一度是东西商路的重要中心,所以十分繁华,在公元106年古罗马人接管以后,佩特拉仍繁华不减。随着南北商路的开通,货物可直接从南边的红海出入,佩特拉逐渐失去了原有的重要地位,最终它被遗弃了。1812年,瑞士一位探险家重新发现了这里,在销声匿迹了几百年后,佩特拉才重见天日。

人们是如何找到特洛伊古城的?

特洛伊城是在公元前16世纪前后建成。在公元前13世纪至前12世纪,此处颇为繁荣。公元前12世纪初,迈锡尼联合希腊各城邦组成联军,渡海远征特洛伊,战争延续10年之久,史称"特洛伊战争",特洛伊也因此闻名。城市在战争中成为废墟,荷马史诗中的《伊利亚特》即叙述此次战争事件。

德国传奇式的考古学家海因里希·施里曼在十四五岁时曾陶醉于铿锵悦耳的荷马诗篇,他当时就梦想有朝一日能找到特洛伊古城。出于这一梦想,他毅然放弃了生意,投身于考古事业。根据《伊利亚特》的叙述,经过几年的发掘,最终使得荷马史诗中长期被认为是文艺虚构的国度——特洛伊、迈锡尼和梯林斯重见天日。

▶ 特洛伊古城遗址

"吴哥窟"的意思是什么?

吴哥窟又称吴哥寺,位于柬埔寨西北方,是吴哥古迹中保存最完好的庙宇,以建筑宏伟与浮雕细致闻名于世。

12世纪中叶,吴哥王朝阇耶跋摩二世定都吴哥。阇耶跋摩二世信奉毗湿奴,于是负责为国王加冕的婆罗门主祭司就为国王设计了这座国庙。吴哥窟的意思为"毗湿奴的神殿"。

后来吴哥王国屡遭暹罗(泰国的古称)袭击,迁都亚特,吴哥窟就被遗弃了。

▶ 吴哥窟与窟中墙壁上的雕塑

尼尼微古城是古代哪个帝国的首都？

尼尼微位于底格里斯河东岸，在今天伊拉克北部城市摩苏尔附近。尼尼微建立于史前，在公元前2500年左右，它就成了一座真正的城市。公元前8世纪末，亚述王辛赫那里布将都城由萨尔贡城迁到底格里斯河左岸的尼尼微，将其作为亚述帝国的首都。尼尼微曾一度车水马龙，热闹非凡，成为当时世界上最繁荣的城市之一。

▶ 如今的底格里斯河风光

▶ 耶路撒冷城市风光

耶路撒冷被哪三大宗教视为"圣地"?

耶路撒冷是古代宗教活动中心之一。犹太教、基督教和伊斯兰教,分别根据自己的宗教传说,都奉该城为圣地。

自从公元前10世纪,所罗门王在耶路撒冷建成圣殿,耶路撒冷一直是犹太教信仰的中心和最神圣的城市,昔日圣殿的遗迹哭墙,仍是犹太教最神圣的所在地。基督徒也相当重视耶路撒冷,因为根据《圣经》记载,这里是耶稣受难、埋葬、复活、升天的地点。伊斯兰教也将耶路撒冷列为继麦加、麦地那之后的第三圣地,以纪念穆罕默德的夜行登霄,并在圣殿山上建造了两座清真寺——阿克萨清真寺和圆顶清真寺来纪念这一圣事。

三教奉一城为圣地,使耶路撒冷在全世界处于独一无二的地位。

欧 洲

宙斯神庙为何被奉为古希腊的宗教中心？

宙斯神庙位于奥林匹亚村，是为了祭祀宙斯而建的，是古希腊最大的神庙之一。宙斯神殿建于公元前470年，于公元前456年完工。由于宙斯是希腊神话众神之神，是奥林匹斯神系的主神，所以宙斯神庙的建筑及内部塑像都极尽奢华，神庙建成之后就成了古希腊的宗教中心。宙斯神像所在的宙斯神殿更是奥林匹克运动会的发源地。

▶在希腊神话中宙斯是众神之神。图为宙斯塑像

雅典卫城里为何建了一座波塞冬神庙？

波塞冬是宙斯的哥哥，掌管大海和一切水域，他的坐骑是一头巨大如山的鲸，武器是象征力量的三叉戟。

波塞冬曾与智慧女神雅典娜争夺过雅典，双方争持不下时决定让民众选择，波塞冬祭出三叉戟，雅典娜伸出橄榄枝，最终，雅典人民选择了"和平"的雅典娜。由于生活在海边的希腊人对波塞冬的崇拜同样深入人心，这里的保护神虽是雅典娜，但人们还是建立了供奉波塞冬的神庙。位于雅典卫城中的波塞冬神庙是希腊各地海神庙中最著名的一座。

▶海神波塞冬塑像

帕提侬神庙是用来供奉哪位女神的？

▶现今帕提侬神庙前的神柱

帕提侬神庙是供奉雅典娜女神的最大神殿，其名称出于雅典娜的别名Parthenon，帕提侬原意为贞女。此庙规模宏大，坐落在卫城中央最高处，庙内曾存放着一尊黄金象牙镶嵌的全希腊最高大的雅典娜女神像。据古人的描述，它实为木胎，黄金象牙只起镶嵌作用，大概肌肤用象牙，衣冠武器则贴以黄金。虽然雅典娜神像已经不复存在，但是神庙前厅的檐壁上的浮雕装饰带，却显示了古希腊人的高超雕刻水平。浮雕表现雅典人民庆祝大雅典娜节的盛况。这条浮雕带从门廊延伸到南北两面墙上，绕行一周，连为一体。总长160米，人物超过500个。

帕提侬神庙以其宏伟的建筑和精美的雕刻被视为希腊古典建筑艺术中的典范。

知识链接

智慧女神——雅典娜

雅典娜是希腊神话中的奥林匹斯十二神之一，她是智慧女神，亦是农业与园艺的保护神，她传授纺织、绘画、雕刻、陶艺、畜牧等技艺给人类；她还是司职法律与秩序的女神，她创立了雅典第一个法庭——战神山法庭；她也是位女战神，抚养帮助诸多英雄。在古希腊，她在各城邦都备受崇拜，尤其是在雅典，雅典城是以她命名的，而且是她专有的城邦。

▶存于雅典帕提侬神庙的命运三女神像

█ 阿耳忒弥斯神殿如何能跻身"古代世界七大奇迹"之列？

　　阿耳忒弥斯神殿是古希腊最大的神殿之一，其规模超过了雅典卫城的帕提侬神庙，也是最早的完全用大理石兴建的建筑之一。它以建筑风格壮丽辉煌和规模巨大而跻身于"古代世界七大奇迹"之列。

　　神殿在最初建成时规模并不是很大，由于遭遇了一场大火，神殿被毁。为了让灵魂有寄托之所，人们就在原址上对神殿进行了重建。重建后的神殿占地面积达到了6000多平方米，成为当时世界上最大的大理石建筑。神殿被修饰得富丽堂皇，其内外都用铜、银、黄金和象牙制成的精美浮雕加以装饰，而神殿中央则设有一个呈"U"字形的祭坛，供奉着阿耳忒弥斯女神的雕像。

　　重建后的神庙矗立了大约600年。历经贪婪之徒的洗劫，最终于公元246年被哥特人损坏。人们在今天的阿耳忒弥斯神庙旧址处，用发掘出的大理石拼成了一根石柱作为对曾经辉煌的神殿的纪念。

英格兰巨石阵在设计上存在哪些奇妙的天文现象？

在英国伦敦西南100多千米的小村庄阿姆斯伯里，有世界闻名的巨石阵。巨石阵建造于公元前3100年—前1600年，为欧洲著名的史前时代文化神庙遗址。巨石阵占地大约0.11平方千米，主要是由许多整块的蓝砂岩组成，每块约重50吨。

▶ 英格兰巨石阵

巨石阵不仅在建筑学史上有重要地位，其在天文学上也有重大意义。

巨石阵的主轴线——通往石柱的古道和夏至日早晨初升的太阳在同一条线上；另外，其中还有两块石头的连线指向冬至日落的方向。

有研究者还发现，巨石阵中几个重要位置，似乎都是用来指示太阳在夏至那天升起的位置。而从反方向看刚好就是冬至日太阳降下的位置。在靠近石阵入口处还有40多个柱孔，这些柱孔排成6行，恰巧和月亮在周期中（月亮有一个历时十九年的太阴历）到达最北的位置相符，也就是说6行柱孔很可能代表月亮的6次周期。

巨石阵的建造本身就是一个谜，而其与天文现象的高度吻合更显示巨石阵设计的科学性。古人的智慧总是超出我们的想象。

庞贝古城为何被称为"天然的历史博物馆"？

千年过后的今天，我们看到了历史的一瞬。因为火山爆发的突然性，人们还来不及反应就被熔岩包裹。参与发掘庞贝城的历史学家瓦尼奥说："那是多么令人惊骇的景象啊!许多人在睡梦中死去，也有人在家门口死去，他们高举手臂张口喘着大气；不少人家面包仍在烤炉上，狗还拴在门边的链子上……"现今古城内挖掘出的尸体（多已成为化石），仍然保持着他们逝去一刻的固有形态。虽然火山爆发将城市毁灭，但同时也使此城得到了永生。由于被掩埋封存在渐渐冷却、凝固、变硬的火山灰中，古城躲过了上千年岁月的侵蚀，成为最天然的历史博物馆，供后人凭吊、研究。

▶如今的庞贝古城

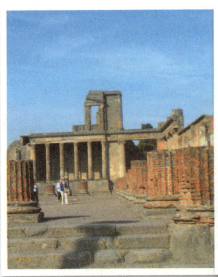

罗马大角斗场内地面崎岖不平的原因是什么？

罗马大角斗场距今已有近2000年的历史了，其遗址上刻满了岁月的斑驳，但其雄伟风姿仍在。参观大角斗场很多人都发出了疑问：大角斗场内的地面为什么崎岖不平，就像众多同心圆的环形石墙拼成的指纹图章？

其实，我们现在看到的椭圆形舞台崎岖不平的地面是因为露出了大角斗场的地下室而造成的。当年角斗士和猛兽多数是通过地下室的升降梯来到地面上的。地下室主要用于储存道具和牲畜及角斗士，表演开始时再将他们吊起到地面上。

在地下室之上砌有石头地面，但由于荒废时间太长，罗马城的居民曾一度将这里当成了采石场，原地面的石头等被撬走之后，就露出了地下室，形成了现在凸凹不平的地面。

▶ 罗马大角斗场内部景观

美 洲

玛雅金字塔与埃及金字塔有什么不同？

奇琴伊察的中心建筑是一座耸立于热带丛林空地中的巨大金字塔，名为库库尔坎金字塔，由于是玛雅人的杰出建筑又被称为玛雅金字塔。

同为金字塔，玛雅金字塔与埃及金字塔有什么不同之处呢？首先，外形上有明显不同。玛雅金字塔是平顶，塔体呈方形，底大顶小，层层叠叠，塔顶的台上还建有庙宇；而埃及金字塔呈尖顶状，整体与中国的"金"字极为相似。其次，功能上有所不同，玛雅金字塔主要用以举行各种宗教仪式，只有少量玛雅金字塔具有陵墓功能；而埃及金字塔则是埃及法老的陵墓，主要用于存放法老的尸体。

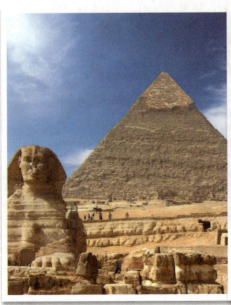

▶埃及金字塔与玛雅金字塔

> 太阳门

太阳门为何被视为蒂瓦纳科文化的最杰出象征?

太阳门坐落在充满神秘色彩的蒂瓦纳科城中，公元5世纪—10世纪，蒂瓦纳科文化是影响秘鲁全境的一支文化，留下了许多耐人寻味的痕迹。遗址主要由三部分组成：一是阿卡帕纳金字塔，这是遗址中最长的建筑。二是位于一座巨大的庭院中央的石墓宫地墓。三是大卡拉萨萨亚神庙，它是蒂瓦纳科人举行宗教仪式的场所，而太阳门就是该遗址中最著名的古迹。太阳门是用一整块巨大的岩石雕凿而成，门框的上下左右均布满了轮廓清晰、刀法雄健的石雕神像和各种花纹图案，门上端正中部分有一个维拉科查太阳神像的浮雕，因此得名。太阳门上浮雕所具有的神秘色彩和复杂的寓意性，体现了当时人们对于宇宙现象的理解，其中包含了深奥的历法计数系统，此外，也集中地反映了蒂瓦纳科文化的艺术特色。太阳门是美洲古代最卓越、最著名的古迹之一，被视作蒂瓦纳科文化的最杰出的象征，号称"世界考古最伟大的发现之一"。

复活节岛上的巨石像是谁建造的?

复活节岛又称"拉帕努伊岛",意即"石像的故乡"。岛上最具神秘色彩的是一些巨石人像。在全岛发现了近千尊巨大的半身人面石像,石像大小不等,高6~23米,重30~90吨。其中600尊整齐地排列在海边的石岛上,它们面对大海,若有所思。复活节岛上的古人为什么要修建这些巨石像呢?经过长时间的研究,考古学家们为我们解开了这个秘密。

巨石像约建造于公元1000年以前,当时的复活岛为一浓密棕榈森林覆盖的岛屿。岛上有三座死火山,火山岩质地软、重量轻,易于搬动、雕刻。拉帕努伊人(复活节岛的波利尼西亚人原住民)相信岩石可以象征他们神圣信仰的永恒不灭,因此利用火山岩在600年间完成这些巨石像。到12世纪时,石像的雕凿进入鼎盛时期,石像遍布全岛。

▶ 复活节岛巨石像

part 4

文物珍品

非 洲

图坦卡蒙黄金面具收藏在哪一家博物馆？

▶ 图坦卡蒙黄金面具

图坦卡蒙黄金面具出土于古埃及法老图坦卡蒙的陵墓中。当人们打开图坦卡蒙的金棺时，黄金面具就套在图坦卡蒙木乃伊的头部和肩上。在出土的大量奇珍异宝中，黄金面具最引人注目。面具高约54厘米，宽约40厘米，重约10.23千克，同金棺一样，眼镜蛇和秃鹰徽章位于前额的中间位置。面具上镶饰着各种宝石和玻璃，眼睛由石英和黑曜石（一种像玻璃的石头）制成，眉毛和眼圈则是上好的透明蓝玉。面具下颌处垂着的胡须，象征着古埃及神话中的冥神奥西里斯。面具做工精细，表情哀愁但又宁静，看到它人们就会对图坦卡蒙的面容充满遐想。

图坦卡蒙的黄金面具和金字塔一样，成为古埃及历史和文化的象征，面具还被作为开罗埃及博物馆的镇馆之宝摆放在馆中最显要的位置。

▶纳美尔石板浮雕部分

纳美尔石板在美术史上有怎样的地位？

　　纳美尔石板是一块盾形石板浮雕，是当时用来表彰古埃及法老纳美尔取得埃及胜利而制成的。这块石板浮雕的画面均是横向式处理，这种呈平面的线刻手法，不仅是当时流行的一种艺术方法，也是埃及纪念碑雕刻上象形文字的最初图式，并在后来逐渐形成为基本法式，一直贯穿在整个埃及的建筑浮雕之中。

　　值得注意的是，纳美尔的形象在石浮雕上显得特别大。用放大比例的办法去突出强者，是古代埃及甚至古代美术的共同特征，不论法老、公牛、巨兽等形象，只要是有神力的象征物，就必须放大，并赋予威力和崇敬的审美感。虽然，纳美尔石板浮雕是平面的，但由于雕刻家精心地做了想象性的空间处理，形象加线条节奏看起来十分协调，因此可以说是远古时代美术文物的一件精品。目前，这块石板藏于埃及开罗博物馆内。

撒哈拉岩画都记录了些什么?

在非洲北部，北起阿特拉斯山脉，南至热带雨林，西起大西洋，东抵红海的广大地区，以及包括今南非、莱索托、马拉维、赞比亚、津巴布韦、博茨瓦纳、纳米比亚、安哥拉直到坦桑尼亚的南部非洲都发现了大量石器时代的岩画和岩雕。从已能确定年代的岩画和岩雕来看，撒哈拉地区最古老的作品已有1.2万年以上的历史，而南部非洲最古老的作品则有2.8万年的历史。这些岩画和岩雕的主题有各种动物、人物，场景为狩猎、采集、车马、战争等，从画面可以看出，当时撒哈拉是一个水草茂盛的地方，而南部非洲一些今天比较荒凉的地区，过去曾经有过品种繁多的动物。另外，根据作品创作的时间可以推测出当时是人们从狩猎生活向驯养家畜的生活过渡的时期。画面中有军队武士的存在，并有衣着与众不同的指挥官模样的人，这在一定程度上反映了当时的社会情况。令人惊讶的是，许多岩画经过漫长的岁月,至今色泽仍很鲜艳,说明非洲古代居民在颜色的调配方面有着独到之处。

▶撒哈拉沙漠新石器时期的岩画

亚 洲

四羊方尊有什么寓意？

▶ 四羊方尊

四羊方尊，商朝晚期青铜礼器，祭祀用品。高58.3厘米，重约34.5千克，是现存商代青铜方尊之中体型最大的。1938年出土于湖南宁乡县，现收藏于中国国家博物馆。

四羊方尊造型雄奇，肩、腹部与足部作为一体被巧妙地设计成四只卷角羊，各据一隅，在静中突出动感。方尊肩上饰有四条高浮雕式盘龙，羊前身饰长冠鸟纹，圈足饰夔龙纹（在古钟鼎器物上所雕刻的一种的装饰纹样）。

羊在古代寓意吉祥，四羊方尊以四羊、四龙相对的造型展示了酒礼器中的至尊气象。此尊形体端庄典雅，无与伦比，被誉为青铜器"十大国宝"之一。

▶后母戊鼎户外模型

后母戊鼎为何享有"镇国之宝"的美誉?

后母戊鼎原称"司母戊鼎""司母戊大方鼎",于1939年出土于河南安阳,是商王祖庚或祖甲为祭祀母亲戊而制作的祭器,是商周时期青铜器的代表作,因鼎腹内壁上铸有"后母戊"三个字而得名。

后母戊鼎通体高133厘米,口长112厘米、口宽79.2厘米,重达832.84千克,是已发现的中国古代最重的单体青铜礼器。该鼎是用陶范法铸造而成的,在商后期铸造这个后母戊鼎至少需要1000千克以上的原料,且在二三百名工匠的密切配合下才能完成,这足以反映出商朝中期青铜铸造业的宏大规模。

后母戊鼎不仅是目前中国发现的最大最重的青铜器,也是世界迄今出土的最大最重的青铜器。目前后母戊鼎收藏于中国国家博物馆,由于鼎在古代被视为立国的重器,是政权的象征,因此后母戊鼎享有"镇国之宝"的美誉。

金缕玉衣在古时有什么作用？

▶ 金缕玉衣

金缕玉衣是玉衣的一种，用金缕编成，为汉代皇帝和贵族死后的殓服。金缕玉衣是汉代规格最高的丧葬殓服，大致出现在西汉文景时期。当时人们十分迷信玉能够保持尸骨不朽，更把玉作为一种高贵的礼器和身份的象征。

玉衣是把许多四角穿有小孔的玉片，用金丝、银丝或铜丝编缀成衣，分别称为"金缕玉衣"（帝王级）、"银缕玉衣"（诸侯王级）、"铜缕玉衣"（公侯级）。由于金缕玉衣象征着帝王贵族的身份，有非常严格的制造工艺要求。工匠要对大量的玉片进行选料、钻孔、抛光等十几道工序的加工，并把玉片按照人体不同的部位设计成不同的大小和形状，再用金线相连进行编缀。制作一件中等型号的玉衣所需的费用几乎相当于文景时期100户中等人家的家产总和，可以说此衣价值连城。

我国已经出土玉衣的西汉墓葬共有18座，而金缕衣墓只有8座。其中最具代表性的是河北满城一号墓出土中山靖王刘胜的金缕玉衣。它用1000多克金丝连缀起2498大小不等的玉片，轰动了国内外的考古界。

曾侯乙编钟是一套怎样的编钟？

曾侯乙编钟是中国现存最大、保存最完整的一套大型编钟。1978

年出土于湖北随县的一座战国早期墓葬——曾侯乙墓中。出土时，整套编钟耸立如故。

编钟在我国商朝时就已出现，最初只有3～5枚，到周朝增到9～13枚，战国时发展成61枚，而曾侯乙编钟共65枚，其中1枚是战国时楚惠王赠送的镈。春秋战国时期编钟风靡一时，和其他乐器如琴、笙、鼓、编磬等成为王室显贵的陪葬重器。

曾侯乙编钟按大小和音高为序编成8组悬挂在3层钟架上。最上层3组19件为钮钟，形体较小，有方形钮，有篆体铭文，但文呈圆柱形，枚为柱状字较少，只标注音名。中下两层5组共45件为甬钟，有长柄，钟体遍饰浮雕式蟠虺纹，细密精致。

曾侯乙编钟音域宽广，有五个八度，半音齐全。钟的音色优美，音质纯正。考古工作者与文艺工作者合作探索，用此钟演奏出各种中外名曲，无不令人惊叹。曾侯乙编钟是中国古代音乐史上的一个光辉成就，同时它高超的铸造技术和良好的音乐性能，也改写了世界音乐史，被中外专家、学者称为"稀世珍宝"。

▶曾侯乙编钟钟体呈扁圆形

《马踏飞燕》设计的巧妙之处体现在什么地方？

　　《马踏飞燕》是东汉时期的艺术珍品，是中国古代雕塑艺术的稀世之宝，在中国雕塑史上代表了东汉时期的最高艺术成就。它在1969年出土之后很快就名闻天下。

　　《马踏飞燕》身高34.5厘米，身长45厘米，宽13厘米。奔马形象矫健俊美，别具风姿。马昂首嘶鸣，躯干壮实而四肢修长，更为巧妙的是高大疾驰的骏马居然将三足腾空，全身的重量都集中在一足之上，且此足踏于飞燕身上。小飞燕吃惊地回过头来观望着。

　　这样一来，以燕衬马，使飞燕与奔马的速度有目共睹，将奔马的动势凝固在一个静止的空间。虽为静止的铜马，但却有极富感染力的腾飞之势，艺术家们将一匹日行千里的良马神速表现得淋漓尽致。

▶ 马踏飞燕雕塑

▶秦始皇陵兵马俑

秦始皇陵兵马俑如何成为"世界第八大奇迹"？

秦始皇陵兵马俑位于秦始皇陵兵马俑陪葬坑内，于公元前246年至公元前209年修建。兵马俑坑有三座，位于陵园东侧1500米处，坐东向西，呈品字形排列，三座俑坑占地面积为2万多平方米。

在俑坑内现已发现和真人、真马大小相似的陶俑7000多件，其中马俑600多件。兵俑分为步兵俑、军吏俑、将军俑、车士俑、立射俑、跪射俑、武士俑等不同的兵种，这些兵俑面部神态、服式、发型各不相同，个个栩栩如生，形态逼真。

兵马俑坑中的每乘战车前都驾有四匹陶马。陶马的大小和真马相似，身长约2.10米，通高1.70米左右。四匹马的造型基本相同，马

▶驷马战车

匹都剪鬃缚尾，仰首张口做嘶鸣状，异常神骏。

这些兵马俑都制作精细，工艺水平极高，且这些兵马俑都是彩绘兵马俑。在最初出土时，大多数兵马俑都呈一种罕见的亮紫色。据科研人员研究，这是一种还未在自然界中发现的紫色颜料——硅酸铜钡，秦俑是最早使用它的实物，因此被称作中国紫。

秦始皇陵兵马俑不仅在于它是世界雕塑艺术史上的经典之作，还在于如此之多的陶俑是围绕着一个主题展现的艺术群雕，这在世界艺术史上是绝无仅有的，秦始皇陵兵马俑也因此被誉为"世界第八大奇迹"。

仰韶文化遗址中发现了哪些器具？

仰韶文化遗址，位于河南渑池仰韶村。仰韶文化，因在河南渑池仰韶村发现，所以得了此名。仰韶文化也称彩陶文化，多数是粗陶。仰韶文化遗址从发现至今，人们发现了许多器具：用于农耕的有斧、铲、凿、锛等，用于狩猎的有石镞、弹丸、石饼等，用于纺织的有线坠、纺轮、骨针、骨锥等。当时人们的生活用具有很多陶质，出土器物中有鼎、罐、碗、盆、钵、杯、瓮、缸等。特别引人注目的是陶器上精美的装饰图案，其纹饰有宽带纹、网纹、花瓣纹、鱼纹、弦纹和几何图形纹等。这些纹饰充分反映了古代劳动人民的聪明智慧和对生活美的追求。精美的彩陶是仰韶文化独具的特征。此外，人们还在这里发现了几十千克5000年前的小米，由此说明中国农业发展具有悠久的历史。

▶仰韶文化遗址出土的小口尖底陶瓶

"敦煌飞天" 是一种什么样的艺术形象？

▶ 飞天形象

在神话传说中，飞天是侍奉佛陀和帝释天的神，能歌善舞。在莫高窟的壁画上，处处可见漫天飞舞的美丽飞天。飞天在无边无际的茫茫宇宙中飘舞，有的手捧莲蕾，直冲云霄；有的从空中俯冲下来，势若流星；有的穿过重楼高阁，宛如游龙；有的则随风漫卷，悠然自得。画家用那特有的蜿蜒曲折的长线、舒展和谐的意趣，呈献给人们一个优美而空灵的想象世界。

从艺术形象来说，敦煌飞天不是一种文化的艺术形象，而是多种文化的复合体。飞天的故乡在印度，但敦煌飞天却是印度文化、西域文化、中原文化共同孕育成的。它是印度佛教天人和中国道教羽人、西域飞天和中原飞天长期交流，融合为一而形成的。它是不长翅膀不生羽毛、没有圆光、借助云而不依靠云，主要凭借飘逸的衣裙、飞舞的彩带而凌空翱翔的飞天。所以说，敦煌飞天是中国艺术家极富天才的创作，是世界美术史上的一个奇迹。

《清明上河图》描绘的是哪里的繁荣景象?

《清明上河图》是中国十大传世名画之一，是北宋画家张择端所作，属国宝级文物，现藏于北京故宫博物院。

《清明上河图》描绘了北宋时期京城汴河两岸的景象。此图宽0.248米，长5.28米。在5米多长的画卷里画有800多人，各种牲畜60多匹，木船20多只，房屋楼阁30多栋，推车乘轿也有20多件。如此丰富多彩的内容，为历代古画中所罕见。各色人物从事的各种活动，不仅衣着不同，神情气质也各异，而且穿插安排着各种活动，其间充满着戏剧性的情节冲突，令观者看罢，回味无穷。如此规模的巨制在中国乃至世界绘画史上都是独一无二的。

《清明上河图》反映了北宋时的一些风俗，体现了宋代建筑的特征，具有很高的历史价值和艺术价值。

▶《清明上河图》局部

▶ 日本镰仓大佛

镰仓大佛以哪种美而著称于世？

镰仓大佛是日本第二大佛，为阿弥陀如来青铜坐像，位于古都镰仓的净土宗寺院高德院内。

佛像建造于1252年，净高11.3米，连台座高13.35米，重约121吨。大佛露天盘坐在两米多高的台基上，双手放置膝上，手握弥陀定印。大佛雕工精巧，形象生动。服饰线条流丽，衬托着饱满、丰盈的体态；佛面丰润，沉静而威严，给人一种安定、若有所思的美感。因此大佛又以"安定美"著称，被誉为镰仓的象征、日本的国宝。

欧 洲

《掷铁饼者》为何被誉为"体育运动之神"？

《掷铁饼者》为大理石雕复制品，高约152厘米，罗马国立博物馆、梵蒂冈博物馆、特尔梅博物馆均有收藏，原作为青铜材质，是希腊雕刻家米隆作于约公元前450年。

此雕塑刻画的是一名强健的男子在掷铁饼过程中最具有表现力的瞬间：人体动势弯腰屈臂呈S型。这使人体富于运动变化，但这种变化常常造成不稳定感，所以作者将人物的重心移至右足，让左足尖点地以支撑辅助，以头为中心两臂伸展呈上下对称，从而使不稳定的躯体获得稳定感。身体的正侧转动，下肢的前后分列，既符合掷铁饼的运动规律，又造成单纯中见多样变化的形式美感。

雕像的人体美和运动美表现出极强的生命力，此雕像也因此被誉为"体育运动之神"。

▶掷铁饼者仿制作品

《波尔格塞的战士》为何会让人印象深刻？

▶波尔格塞的战士

《波尔格塞的战士》是希腊化时代雕像，约创作于公元前1世纪，原作为青铜像，现作为罗马大理石复制品，高1.99米，收藏于法国罗浮宫博物馆。

雕像是雕塑家阿加西亚斯所作，因曾收藏于罗马波尔格塞别墅而得名。

作品刻画的是一位正在进行格斗的斗士的瞬间动态：这名战士头侧偏，目光犀利，似乎正凝视着对手，一手原来可能握盾牌前伸，似正抵挡着对手的攻击；一手仿佛执剑有力后摆，即将出击。相对的右腿前踏，左腿后蹬，上身前倾，蕴含着无尽的力量，给人以强烈的动感。

战士的形象被塑造得十分逼真，人体解剖结构准确、无懈可击，以至于直到现在人们仍把它看作是学习人体解剖知识的典范。这尊雕塑表现了希腊化时期的艺术家们已经达到了写实主义的高峰，他们对人体形象的观察和表达也达到了一个新的高度，因此说作品不是简单的堆砌和纯自然的模仿，而是在写实的基础上创造出了美和力量，这正是作品给后人留下的最为深刻而难忘的印象。

《断臂的维纳斯》为何会成为人体美的代名词？

《断臂的维纳斯》是《米洛斯的维纳斯》的俗称，是希腊化时期表现女性人体美的最杰出的雕塑，此雕塑已经成为赞颂女性人体美的代名词。

雕塑中的维纳斯身材端庄秀丽，肌肤丰腴，美丽的椭圆形面庞，希腊式挺直的鼻梁，平坦的前额和丰满的下巴，平静的面容，流露出希腊雕塑艺术鼎盛时期沿袭下来的理想化传统。

她那微微扭转的姿势，使半裸的身体构成了一个优美的螺旋形上升体态，富有韵律感。作品中女神的腿被富有表现力的衣褶所覆盖，仅露出脚趾，显得厚重稳定，更衬托出了上身的秀美。她的嘴角上略带笑容，却含而不露，给人以矜持而富有智慧的感觉。尤其令人惊奇的是她的双臂，虽然已经残断，但那雕刻得栩栩如生的身躯，仍然给人以浑然完美之感。从女神的面部可以感受其心情非常平静，没有半点的娇艳和羞怯，只有纯洁与典雅。

雕像的各部分比例几乎都蕴含着黄金分割的美学秘密，整尊雕像无论从哪个角度欣赏，都给人一种古典主义美的感受。在她面前，几乎一切人体艺术作品都显得黯然失色。

▶保存于法国罗浮宫的《断臂的维纳斯》

《拉奥孔》群雕为何被推崇为最完美的作品？

▶ 拉奥孔群雕

《拉奥孔》群雕为大理石雕刻作品，雕像高184厘米，是希腊化时期的雕塑名作。创作于公元前1世纪，1506年出土于罗马，轰动一时，被推崇为世上最完美的作品。现收藏于梵蒂冈美术馆。

雕像中，拉奥孔位于中间，神情处于极度的恐怖和痛苦之中，正在极力想使自己和他的孩子从两条蛇的缠绕中挣脱出来。他抓住了一条蛇，但同时臀部被咬住了；他左侧的长子似乎还没有受伤，但被惊呆了，正在奋力想把腿从蛇的缠绕中挣脱出来；父亲右侧的次子已被蛇紧紧缠住，绝望地高高举起他的右臂。这三个由于苦痛而扭曲的身体，所有的肌肉运动都已达到了极限，甚至到了痉挛的地步，表达出在痛苦和反抗状态下的力量和极度的紧张。每个参观者都能感觉到似乎痛苦流经了所有的肌肉、神经和血管，紧张而惨烈的气氛弥漫着整个作品。此雕塑作品也因此被誉为是古希腊最著名、最经典的雕塑杰作之一。

▶《最后的晚餐》壁画

《最后的晚餐》的结构布局有什么特色？

　　《最后的晚餐》高4.6米，宽8.8米，达·芬奇构图时将画面展现于饭厅一端的整块墙面，再利用透视原理，使观众感觉房间随画面做了自然延伸。为了构图效果，使徒坐得比正常就餐的距离更近，并且分成四组，在耶稣周围形成波浪状的层次。越靠近耶稣的门徒越显得激动。耶稣坐在正中间，他摊开双手镇定自若，和周围紧张的门徒形成鲜明的对比。耶稣背后的门外是祥和的外景，明亮的天空在他头上仿佛形成一道光环。他的双眼注视画外，仿佛看穿了一切世态炎凉。

　　画面中的人物，或惊恐、或愤怒、或怀疑的神态被作者刻画得精细入微，惟妙惟肖。

　　这种典型性格的描绘与画题主旨密切配合，构图多样统一，效果互为补充，使此画无可争议地成为世界美术宝库中最完美的典范杰作。

蒙娜丽莎的微笑究竟如何神秘?

《蒙娜丽莎》是文艺复兴时代画家达·芬奇所绘的丽莎·乔宫多的肖像画,现收藏于法国罗浮宫。

《蒙娜丽莎》是一幅享有盛誉的肖像画杰作。它代表达·芬奇的最高艺术成就。处在文艺复兴时期的达·芬奇在人文主义思想影响下,着力表现人的感情,他追求神韵之境。在蒙娜丽莎的脸上,微暗的阴影时隐时现,使其双眼与唇部披上了一层面纱。人的笑容主要表现在眼角和嘴角上,但达·芬奇却偏把这些部位画得若隐若现,没

▶ 蒙娜丽莎的微笑总是让人捉摸不透

有明确的界线,那如梦似的妩媚微笑让人捉摸不定,因此被称为"神秘的微笑"。由此几百年来,人们对这"微笑"进行了各种猜测和分析,也衍生了关于女主人公的种种故事。荷兰阿姆斯特丹的一所大学的研究人员应用"情感识别软件"分析出蒙娜丽莎的微笑包含的内容及比例:高兴83%,厌恶9%,恐惧6%,愤怒2%。不管人们如何进行分析猜测,《蒙娜丽莎》数百年来一直都被誉为最名贵的肖像画。

美洲

墨西哥古代文明中最灿烂的一页是什么？

阿兹特克文明是西班牙殖民者入侵墨西哥之前的最后一个古代墨西哥文明。这个文明是墨西哥古代文明中最灿烂的一页，因为它创造了令世界为之惊叹的文明。阿兹特克人的雕塑艺术曾经达到了非常高的水平，它以巨大的规模、繁缛的象征图案、骚动的生命力和狂热的宗教感情产生一种深沉、震慑人心的感染力，唤起人们对那个充满了血与火的神秘而威严的年代的向往与回忆。其中，《柯约莎克》浮雕就出现在这一时期。柯约莎克是阿兹特克人的月亮女神，月亮女神是牺牲者生前的最后一个同情者，也是他去往冥界的第一个使者。女神死去而有灵气，是战士也是女人，她有着光洁的身体，也有繁杂的装饰，表现了阿兹特克人艺术的一些特点。

▶ 柯约莎克浮雕

"世界上最大的天书"是什么？

纳斯卡巨画，即纳斯卡线条，位于南美洲西部的秘鲁南部的纳斯卡地区，距今已有2000多年的历史。

纳斯卡巨画巨大无比，这里有一只46米长的细腰蜘蛛，一只300米长的蜂鸟，一只108米长的卷尾猴，一只188米长的蜥蜴，一只122米长的兀鹫……这些图案只能在300米以上的高空才能看出其全貌，

▶古老的岩画向后世诉说着古老的文明

人在处于地面的水平角度上，只能见到一条条不规则的坑纹，根本无法得知这些不规则的线条所呈现的竟是一幅幅巨大的图案。根据研究人员的发现，这些图案是将地面褐色岩层的表面刮去数厘米，从而露出下面的浅色岩层所形成的坑道线条，线条的一般宽度为10～20厘米，而当中最宽的则达10米。

自1926年人们发现它们开始，就有很多考古学家、学者来此考察研究，目前对其作用还无结论。但人们却给了它"世界上最大的天书"的美誉。这一说法源自巨画研究者保尔·考苏克，1941年，保尔·考苏克到达该地是在夏至那一天，他碰巧观察到太阳恰好就是从这些红条中某一条的末端的上空落下去的。这一奇妙的现象使他认为这些巨画是世界上最大的天书。